ÉDOUARD

COMBESCURE

PROFESSEUR A LA FACULTÉ DES SCIENCES

DE MONTPELLIER

CHEVALIER DE LA LÉGION D'HONNEUR

———

(14 octobre 1824 — 30 décembre 1889)

MONTPELLIER

IMPRIMERIE CENTRALE DU MIDI

Hamelin Frères

—

1890

EDOUARD COMBESCURE

La famille d'Édouard Combescure a désiré une préface au
au présent recueil, et m'a prié de l'écrire.

Ce que j'ai le moins connu en notre regretté collègue, c'est
le mathématicien. Je sais seulement que son nom restera,
qu'à la Faculté des sciences de Montpellier on parlera long-
temps de lui. J'ai lu les lettres de MM. Hermite, Ossian-Bon-
net, Darboux, et j'ai pu me convaincre de la profondeur des
regrets qui, partout où l'on s'intéresse à la science, ont suivi
la nouvelle de cette mort inattendue. Je me suis même pris à
songer que si Combescure, au lieu de revenir près de son pays
natal, avait opté pour la chaire qu'en 1868 on lui offrait au
Lycée Charlemagne, il aurait bientôt passé du Lycée à la
Sorbonne et qu'enfin il aurait conquis le droit de laisser au
secrétaire perpétuel de l'Académie des sciences le soin de
célébrer ses mérites scientifiques.

Ces mérites, Combescure n'en tirait jamais vanité : on se
méprendrait pourtant à croire qu'il n'en avait pas une pleine
conscience. Il leur devait des joies intimes, et, s'il hésitait à en
parler, ce n'était nullement par égoïsme. — Les égoïstes sont
gens pratiques et c'est ce que Combescure ne sut jamais être.—
Quand une passion née avec l'âge d'homme a rempli une vie
entière, elle s'est insensiblement retirée et comme réfugiée
dans les parties profondes de l'âme, où une sorte de pudeur

la retient. Telle était la passion de notre collègue pour la science ; à la laisser trop aisément transparaître, il eût craint de la profaner.

A côté de cette passion, d'autres inclinations avaient trouvé place ; il aimait les lettres et la poésie, il revenait quelquefois à ses classiques latins ; six jours avant sa mort, il avait sur sa table la traduction en vers de Lucrèce, par André Lefèvre, et il en interrompait la lecture pour comparer avec le texte original. De temps à autre il feuilletait Voltaire, Diderot et surtout Lafontaine, qu'il se plaisait à relire ou plutôt à se réciter. Je ne sais ce qu'il pensait des maîtres de notre littérature contemporaine. Je crois bien qu'il lui déplaisait de les entendre trop souvent louer sans mesure, car toute admiration prodigue d'épithètes le tenait en défiance. Il fallait l'écouter causer des mathématiciens illustres, de Jacobi par exemple, qu'il admirait jusqu'à l'enthousiasme : alors il louait fortement, avec plus de verbes que d'adjectifs, car il tenait à motiver ses impressions. Mais son culte pour les savants de race ne l'empêchait pas d'apprécier maint essai plus modeste. A travers l'esquisse d'un travail, il entrevoyait le travail accompli ; il en surprenait l'idée maîtresse, et avant qu'elle fût éclose il en jugeait la fécondité. La sûreté de ses jugements s'alliait à une rare bienveillance : il savait l'art d'encourager.

Combescure était aimé de tous ceux dont il se faisait connaître ; c'est qu'il savait aimer, s'intéresser aux choses du cœur humain et pas seulement aux choses abstraites. Il avait, ce qui est rare au mathématicien, la curiosité de la nature humaine : s'en rencontrait-il un exemplaire un peu hors de l'ordre commun, il en notait l'inédit, et parfois il s'en divertissait avec délices ; aussi les travers du prochain échappaient-ils rarement à sa clairvoyance ; mais ses réflexions, ordinairement pleines de malice, restaient exemptes de malignité. Combescure était naturellement optimiste parce qu'il était bienveillant et bon.

Quand les témoignages incessamment renouvelés d'une

bonté si prodigue d'elle-même cessent tout à coup par la mort, il est humain de protester contre l'irréparable. Ceux qui restent ne se résignent point, et la douleur ne leur paraît sincère qu'à la condition de s'exaspérer sans trève. Un moment viendra où le regret prendra sa place, et il ne faut pas redouter que ce soit trop vite. C'est quand les pleurs ont cessé, que les éclaircies commencent à se faire dans notre mémoire, que les images du passé s'avivent et que plus notre attention s'y attache, plus leur intensité s'accroît. Les enfants de Combescure en feront l'expérience, et il leur sera doux d'éprouver combien est féconde cette puissance de résurrection par le souvenir chez ceux dont l'affection survit à la présence de l'être aimé. Bientôt — souhaitons du moins que ce soit bientôt — ils revivront en pensée avec ce père tendrement chéri dont, à force de soins intelligents et de précautions discrètes, ils sont parvenus à prolonger la vie ; ils le reverront tout près d'eux, tel que je le revois en ce moment, ébauchant un sourire et commençant le récit d'un incident autrefois survenu. Il aimait à raconter ses années de jeunesse, années de voyage et, on peut le dire aussi, années d'apprentissage, d'un apprentissage rude mais librement et noblement accepté. Une jeune femme, en qui les talents de l'artiste s'unissaient à une raison droite et à une volonté tranquillement persévérante, avait résolu de partager ses épreuves et de lui enseigner l'art, où naturellement elle excellait, de sourire à la mauvaise fortune. Elle l'a précédé de trois années dans la tombe, et elle a tellement mêlé sa vie à la sienne que notre collègue lui a très certainement dû une grande part de ses heureuses dispositions d'esprit et de caractère, du contentement qu'il éprouvait à bien vivre, à satisfaire sa conscience d'honnête homme, de savant, de professeur dévoué à ses élèves, de citoyen dévoué aux institutions de son pays [1].

Lionel DAURIAC.

---

[1] En 1888 Combescure fut élu, en tête de liste, membre du Conseil municipal de Montpellier.

DISCOURS

*Prononcés par MM. CHANCEL, recteur de l'Académie de Montpellier,
De ROUVILLE, doyen de la Faculté des sciences, et DAUTHE-
VILLE, professeur adjoint à la Faculté des sciences, aux obsèques du
regretté M. COMBESCURE, professeur à la Faculté des sciences.*

DISCOURS DE M. CHANCEL, RECTEUR DE L'ACADÉMIE

MESSIEURS,

Il y a huit jours, à cette heure même, mon excellent ami Combescure était venu passer quelques instants auprès de moi. Vous savez
quelle verve, quel entrain, quelle joyeuse humeur, toujours exempte
de malice, il apportait dans ses conversations familières. Jamais il
ne m'avait paru plus alerte, ni mieux portant. Je le félicitai même
de ce retour si surprenant à la santé, après cette cruelle maladie,
dont sa forte constitution paraissait avoir triomphé, et que nous-
mêmes nous commencions à oublier..... Puis brusquement il est mort,
et nous voici réunis autour de son cercueil.

Quel triste privilège que la vieillesse ! autour d'elle les deuils, les
séparations cruelles se succèdent. Après Edouard Roche, Germain,
Combal, Planchon, Moitessier, Cavalier et tant d'autres, hélas ! que
je m'honorais de compter parmi mes collègues et mes amis, Combescure succombe encore jeune, capable d'étendre sa réputation déjà
ancienne et d'ajouter de nouveaux titres d'honneur à notre Univer-
sité renaissante. Il ne devait donc pas assister aux fêtes du Centenaire,
ce mathématicien éminent que les étrangers auraient salué avec
tant d'estime et de respect. Mais, en ce moment, son souvenir sera
plus présent que jamais, et son nom sera cité au premier rang parmi
les Maîtres les plus illustres de notre ville.

Quant à moi, — permettez à l'ami de vous dévoiler ses sentiments,

— je considère la joie de ma vie comme amoindrie par cette perte
irréparable, puisque je n'aurai plus la faveur, mon cher Combescure,
de serrer votre main si loyale, ni d'écouter votre parole si honnête,
si spirituelle et si franche !

DISCOURS DE M. DAUTHEVILLE

MONSIEUR LE RECTEUR,
MESSIEURS,

La Faculté des sciences perd, en M. Combescure, l'un de ses Maîtres les plus éminents et les plus aimés. Avant de se séparer de la
dépouille mortelle d'un savant qui l'a illustrée, elle a voulu que l'un
de ceux qui enseignaient à ses côtés lui rendît en son nom un dernier
hommage, et, en l'absence de M. le professeur Fabry, elle m'a délé-
gué le douloureux honneur de vous entretenir de la carrière et des
travaux scientifiques de M. Combescure.

Edouard Combescure est né à Villemagne (Hérault), le 14 octobre
1824. Il fit ses études classiques au collège de Bédarieux. L'un de
ses premiers professeurs de mathématiques fut son parent, M. Combescure, aujourd'hui sénateur de l'Hérault. Le maître et l'élève,
Messieurs, aimaient à évoquer dans leurs causeries les souvenirs de
cette lointaine époque. Nous avons entendu le maître se féliciter des
succès de son élève, et l'élève témoigner sa reconaissance au maître
dont l'enseignement, éveillant chez lui les premières ardeurs, décida
de sa vocation.

Bachelier ès lettres et bachelier ès ciences à vingt ans, M. Combescure débute dans la carrière de l'enseignement en qualité de
maître d'études. Nommé à Cahors en 1844, il est bientôt appelé à
Béziers, puis au Lycée de Montpellier. Mais le jeune maître avait
d'autres ambitions. L'amour de la science le possédait déjà. Sacrifiant
une situation dont il tirait ses principales ressources, il donne sa
démission et vient suivre les cours de la Faculté des sciences. Il
fut l'un des plus brillants élèves de la Faculté dont il devait devenir
l'un des plus savants professeurs. Les difficultés de la vie ne lui sont

pas épargnées. Il les aborde avec énergie et sait les surmonter. Il donne des leçons et poursuit joyeusement ses études. « C'était l'époque, me disait-il, où j'étudiais les œuvres de Laplace, et lisais les classiques grecs et latins. » Ainsi se formait, Messieurs, cette intelligence d'élite. M. Combescure cherchait déjà la science à ses sources les plus élevées, c'est-à-dire les plus pures. Il avait ses travaux préférés. Mais il aimait tous les maîtres de la pensée, et il savait le charme et le prix de la culture littéraire.

Nommé professeur adjoint de physique au Lycée de Bourges, en 1855, il soutient peu de temps après devant la Faculté des sciences de Paris ses thèses de doctorat, thèses savantes qui furent très remarquées. Il semble cependant que l'avancement de M. Combescure n'ait pas été aussi rapide qu'il pouvait le désirer. Chargé de cours au Lycée de Bordeaux, puis au Lycée de Saint-Etienne, agrégé de mathématiques, il est nommé professeur de mathématiques spéciales au Lycée de Nice, en 1865. Partout où il passe, M. Combescure laisse le souvenir d'un professeur éminent. L'étendue de son savoir frappe ses jeunes élèves, qui proclament le caractère élevé de son enseignement, la netteté de ses leçons, et conservent avec reconnaissance le souvenir de sa sollicitude et de sa bienveillance.

Enfin, au mois d'octobre 1868, M. Combescure fut appelé à la Faculté des sciences de Montpellier. On lui donnait le choix entre la chaire de mathématiques spéciales du Lycée Charlemagne, que quittait M. Berger, ce Maître si distingué dont le Lycée de Montpellier honore la mémoire, et la chaire d'astronomie que la retraite de M. Legrand laissait vacante. Qui sait, Messieurs, quelle fortune Paris eût réservée à M. Combescure ? Mais il aimait Montpellier, il voulut y revenir. Il faut ajouter que sa trop grande modestie le fit hésiter devant la succession de M. Berger. Cédant aux conseils et aux prières de M. Balard, son protecteur et son ami, qui se préoccupait de donner aux Facultés de Montpellier des professeurs capables de leur faire honneur, M. Combescure vint prendre dans notre Faculté la place qu'il a si dignement occupée.

C'est ici que s'est surtout développée l'activité scientifique de M. Combescure. Il apporta dans l'enseignement supérieur les qualités de professeur qui l'avaient distingué dans l'enseignement secondaire. Dans ses leçons, toujours élégantes et précises, on sentait le souffle scientifique. Dévoué à ses élèves, il se préoccupait de leur venir en aide. L'un des premiers en France, et de concert avec son collègue Edouard Roche, il organisa la correction des devoirs par correspondance, devançant par son initiative les décisions ministérielles.

Mais les soins de l'enseignement ne détournaient pas M. Combescure de ses travaux scientifiques. Les publications mathématiques les plus importantes, celles de langue française comme celles de langue étrangère, contiennent de nombreux et importants mémoires dus à M. Combescure. Dès ses débuts, il aborde les problèmes les plus élevés de l'algèbre, et se révèle géomètre d'avenir. Sa thèse sur les formes homogènes renferme d'importantes découvertes. C'est principalement vers l'analyse qu'il porte ses efforts. La théorie des formes algébriques, les forces centrales, les lignes de courbure de la surface des ondes, les coordonnées curvilignes, les déterminants fonctionnels, le pendule conique, etc., l'occupent tour à tour. Le premier, il a employé des considérations cinématiques dans la démonstration des formules relatives à la théorie des surfaces et aux systèmes orthogonaux, attachant ainsi son nom à une doctrine qui a pris, de nos jours, un développement considérable. Son dernier mémoire, publié il y a un an à peine dans les *Annales de l'École normale*, et relatif au déplacement tangentiel de deux surfaces, est une nouvelle consécration de la fécondité des principes qu'il posait en 1864.

Dans ces écrits, Messieurs, notre collègue se montre géomètre profond et élégant. Son intelligence nette et précise, en même temps que vive et fine, se mouvait à l'aise, et pour ainsi dire en se jouant, dans les calculs les plus compliqués. Il avait une grande érudition mathématique puisée dans les œuvres des maîtres, qu'il ne cessait de relire. Permettez-moi de nommer ici, comme dans un dernier entretien, celui qu'il préférait, qu'il aimait entre tous, qu'il se plaisait à appeler « le géomètre incomparable » : Jacobi.

Les travaux de M. Combescure appelèrent sur lui l'attention du monde savant. La croix de chevalier de la Légion d'honneur, une médaille d'argent et une médaille d'or, en furent la récompense officielle. Il fut honoré d'autres distinctions plus cachées mais non moins précieuses. Il était tenu en grande estime. Son nom était en honneur à l'Institut de France. L'on peut penser, Messieurs, que la section de géométrie de l'Académie des sciences se le serait attaché comme correspondant, si elle n'avait la coutume de réserver ce titre pour les savants étrangers. M. Combescure comptera au nombre des géomètres français contemporains.

Si les spéculations mathématiques était son occupation favorite, M. Combescure avait l'esprit ouvert à toutes les branches des connaissances humaines. Qui ne se rappelle, Messieurs, parmi ceux qui ont eu le privilège d'être admis dans son intimité, qui ne se rappelle cette conversation charmante et alerte, empreinte d'une bienveillante et fine malice, émaillée de vives saillies, mais qui faisait deviner l'essor d'un esprit supérieur ?

Ah ! Messieurs, la Faculté des sciences est dans un deuil cruel. Je vous ai parlé du savant. M. le Doyen va vous dire quel collègue nous avons perdu. Permettez-moi cependant de rendre hommage au caractère élevé, à l'âme délicate, au cœur excellent, du Maître qui m'aida de ses conseils et m'honora de son amitié.

Cher Monsieur Combescure, adieu !

DISCOURS DE M. DE ROUVILLE, DOYEN DE LA FACULTÉ

MESSIEURS,

La mort de notre regretté collègue nous eût moins surpris le jour où nous le voyions couché sur un lit de souffrances et presque d'agonie, les yeux mouillés de larmes, attachés sur le berceau d'un petit être, l'espoir de ses vieux jours, changé soudainement en cercueil.

Depuis lors, des soins intelligents et l'affection d'enfants dévoués l'avaient ramené à la vie, et c'est au moment où nous aimions à le voir suffire avec plus de vigueur que jamais à ses devoirs professionnels et à la poursuite de travaux d'un mérite supérieur, que nous sommes appelés à lui dire un dernier adieu.

Une voix autorisée vient de nous donner, dans l'expression émue de nos profonds regrets, la juste mesure de la valeur de celui qui en est l'objet, et de sonder la profondeur du vide que sa disparition vient de creuser au milieu de nous.

Il reste au doyen, au témoin, durant près d'un quart de siècle, d'une activité consacrée si fructueusement à l'instruction de nos jeunes maîtres et au service de la science, un devoir pieux à remplir : celui d'acquitter envers son collègue une dette personnelle de gratitude en retour d'une aussi féconde collaboration, de le remercier de l'éclat que lui doit notre Faculté ; à tant de noms distingués, dont quelques-uns illustres, inscrits sur son livre d'or, aux Balard, aux Gerhadt, aux Wertheim, aux Roche, aux Dunal, aux Marcel de Serre, aux Paul Gervais, aux Gergonne, aux Planchon, pour ne citer que les morts, vient s'ajouter, à notre honneur, celui de Combescure ; soyons fiers, Messieurs, d'une pareille lignée, et, avec de pareils blasons, portons haut la revendication des droits et des titres de notre foyer montpelliérain.

Permettez encore au vieil ami de rendre hommage, dans celui qui vient de le précéder dans la tombe, aux qualités exceptionnelles d'une intelligence ouverte à tous les horizons, d'un esprit fin et enjoué qui donnaient tant de charme à son commerce et qui tempérait parfois, avec tant d'agrément, le sérieux d'une délibération. Combescure ne connaissait ni la morgue de certaines supériorités, ni cette sorte d'absorption qui les isole de leur milieu ; il était abordable à tous, il se donnait à tous, et cette simplicité d'allure et d'abord redoublait l'attrait de sa personne.

Saluons enfin, Messieurs, dans celui qui vient d'entrer dans son repos, les souvenirs d'une existence laborieuse, d'une lutte vaillante contre des difficultés de tout ordre rencontrées au début de sa carrière, et dont il a su triompher par son courage, sa persévérance, et aussi par le sentiment si profond, chez lui, de ses obligations d'époux et de père de famille ; c'est un exemple salutaire à tous, et en particulier à nos jeunes gens, pour lesquels les facilités si grandes qui ne leur sont pas épargnées se changent quelquefois en obstacles, par suite de la loi fatale de la concurrence vitale ; qu'ils apprennent à l'école de leur maître à opposer l'énergie de l'effort aux difficultés des temps et des circonstances, et qu'ils soient assurés de la vérité de cette parole de nos saints livres : « Quiconque persévérera jusqu'à la fin sera sauvé » ; Combescure persévéra, et sa fortune scientifique a été sauvée des naufrages qui l'auraient submergée s'il n'eût virilement tenu tête à l'orage.

Tu peux donc, cher collègue, même après ta mort, nous donner d'utiles leçons : leçons de vaillance à nos jeunes gens, par la contemplation de tes luttes et de tes victoires de travail ; à tous, par le spectacle de ta carrière si bien remplie.

A ces nouveaux titres, nous te remercions encore une fois ; nous te remercions surtout du fleuron que tes remarquables travaux ont ajouté à notre couronne universitaire.

Repose en paix, tu as noblement fait ton devoir de savant, de professeur, d'époux et de père.

Agrée les derniers adieux de tes collègues affligés. Cher collègue, adieu !

GRADES, FONCTIONS UNIVERSITAIRES,

DISTINCTIONS HONORIFIQUES

du Professeur Édouard COMBESCURE

———

Bachelier ès lettres ;
Bachelier ès sciences ;
Licencié ès sciences physiques ;
Licencié ès sciences mathématiques ;
Agrégé des sciences mathématiques ;
Docteur ès sciences mathématiques ;
Maître d'études au Lycée de Cahors, 1844 ;
Maître d'études   —   Montpellier, 1846 ;
Interruption pour préparation de grades ;
Professeur au Lycée de Bourges, 1855 ;
—   —   Bordeaux, 1858 ;
—   —   Saint-Étienne, 1859 ;
—   —   Nice, 1865 ;
Professeur à la Faculté des sciences de Montpellier, 1868 ;
Chevalier de la Légion d'honneur ;
Officier d'Académie ;
Officier de l'Instruction publique ;
Membre du Conseil général des Facultés ;
Membre du Conseil académique ;
Membre de l'Académie des sciences et des lettres ;
Assesseur du doyen ;
Administrateur de la Caisse d'épargne ;
Conseiller municipal.

NOTE SUR LES TRAVAUX

D'ÉDOUARD COMBESCURE

La liste des travaux de Combescure est considérable. Les travaux importants y sont nombreux. Nous signalerons quelques-uns des Mémoires, soit parce que Combescure lui-même en a fait l'analyse, soit pour en souligner l'importance particulière, soit enfin pour rappeler en quelques mots à quelle occasion ils ont été publiés. Les commentaires de Combescure lui-même sont mis entre guillemets.

I. PUBLICATIONS DANS LES COLLECTIONS SCIENTIFIQUES

1. **New Method for the integration of complete linear equations with constant coefficients.** — *Gould, Astron. Journ.*, III, 1854, pp. 52-55.

2. **Sur divers points de la théorie des invariants.** — *Liouville, Journ. math.*, XX, 1855, pp. 337-358.

Ce Mémoire est le premier travail très important de Combescure. Il a été suivi, peu de temps après, de la traduction n° 37, et des thèses n° 38. Dès ce moment, Combescure avait pris rang parmi les géomètres de premier ordre.

3. **Problems of spherical mechanics.** — *Gould, Astron. Journ.*, IV, 1856, pp. 41-45, 49-52, 60-63, 66-69.

Ce Mémoire et le n° 15 sont à peu près les mêmes. « Introduction de forces centrales géodesiques donnant lieu à des formules qui répondent parfaitement à celles du mouvement sur un plan. Cas d'une conique sphérique. Cas de deux centres fixes d'attraction. »
« Lorsqu'on se borne à la deuxième approximation (pour de petits écarts à partir de la verticale), le mouvement est représenté par la rotation uniforme autour de son centre d'une ellipse de forme inva-

riable. » (Note confiée à E. Roche en 1856 et publiée en 1869 dans les *Nouvelles Annales de mathématiques.*)

Ajoutons que Combescure rappelle que cette note a été confiée à E. Roche pour fixer la date où il l'a écrite. Ce fait a quelque importance dans une question traitée par plusieurs géomètres connus.

4. **Théorème sur le triangle sphérique**. — *Nouv. Ann. math.*, XVI, 1857, pp. 142-143.

5. **Sur les lignes de courbure de la surface des ondes.** — *Tortolini, Annali,* II, 1859, pp. 278-285.

« Équation différentielle de ces lignes entre deux variables particulières. »

6. **Sur quelques problèmes relatifs aux surfaces réglées.** — *Crelle. Journ.,* LXII, 1863, pp. 174-187.

« Solution du problème ayant pour objet de trouver les développées et les développantes d'une courbe gauche. On résout par un calcul analogue la question de faire passer par une courbe donnée une surface développable tangente le long de son arête de rebroussement à un ellipsoïde donné. »

7. **Sur un triple système particulier de surfaces orthogonales,** [1862]. — *Annali di matemat,* V, 1863, pp. 39-51.

8. **Sur le déplacement d'une courbe, invariable de forme, qui reste tangente à une courbe fixe.** — *Crelle, Journ. math.,* LXIII, 1864. pp. 269-283.

Mémoire très important, dont il est difficile de donner le résumé en quelques lignes.

9. **Sur les solutions multiples communes à plusieurs équations.** — Paris, *Ac., sc.,* C.R. LXII, 1866, pp. 383-387.

Méthode de recherche fondée sur des considérations infinitésimales : travail important.

10. **Sur un théorème de M. Hermite, relatif à la transformation des équations.** — Paris, *Acad. sc.,* C. R. LXIV, 1864, pp. 174-177.

Il s'agit d'un théorème que M. Hermite a donné au commencement de son célèbre travail sur l'équation du 5e degré.

11. **Sur les déterminants fonctionnels et les coordonnés curvilignes.** — Paris, *École normale, Annales*, IV, 1867, pp. 93-131.

« Etablissement d'un groupe fondamental d'équations différentio-partielles exprimant les conditions d'intégrabilité d'un autre système d'équations différentio-partielles linéaires qui naissent de la considération du carré d'un déterminant tout à fait quelconque. Dans le cas des déterminants fonctionnels, on peut faire figurer partout les paramètres différentiels du premier ordre. On obtient comme cas particulier les formules relatives aux coordonnées curvilignes. Dans ce dernier cas, les paramètres différentiels étant censés connus, les *Cosinus* peuvent s'obtenir par l'intégration de systèmes successifs analogues à celui qui répond au problème de la rotation d'un corps. Il convient de noter une remarque permettant, moyennant une certaine intégration, de déduire d'un système particulier triplement orthogonal un nouveau système renfermant des fonctions arbitraires. Enfin la théorie de la déformation des surfaces est rattachée au même groupe fondamental. » L'importance de ce commentaire de Combescure est bien en rapport avec l'importance du travail.

12. **Remarques sur un théorème de M. Clausius.** — Montpellier, *Mém. acad* (section des sciences), VII, 1867-71, pp. 418-420.

Courte note sur les conditions nécessaires d'une équation mécanique de Clausius.

13. **Vérification d'une certaine équation qui figure à la page 17 du 2ᵉ volume de la « Mécanique céleste. »** — Montpellier, *Mém. acad.* (section des sciences), VII, 1867-71, pp. 421-429.

« Rétablissement de calculs non introduits par Laplace, à cause de leur longueur sans doute. » L'absence de détails à ce sujet dans les annotations de Bowdicht à la *Mécanique céleste* a déterminé Combescure à faire paraître ce court travail, qui était depuis 1850 dans les papiers de l'Académie de Montpellier.

14. **Sur quelques relations différentielles que l'on peut résoudre par des formules dégagées de tout signe d'intégration, et sur quelques covariants d'une espèce particulière.** — Montpellier, *Mém. acad.* (section des sciences), VII, 1867-71, pp. 447-470.

Ce Mémoire contient des procédés de réduction. (Voir *Bulletin des sc. math.*, janvier 1886.)

15. **Note sur le pendule conique.** — *Nouv. Ann. math.*, VIII, 1869, pp. 388-394.

16. **Sur quelques formes différentielles.** — Paris, *Acad. sc.*, C. R. LXX, 1870, pp. 1164-1167.

17. **Sur diverses conditions d'intégrabilité et d'intégration.** — *Annali di matematica*, V, 1871-73, pp. 20-62.

« Modifications de méthode et remarques : 1° sur les conditions d'intégrabilité d'une expression renfermant une indéterminée et ses dérivées; 2° sur une équation différentielle d'une forme particulière ; 3° sur le procédé connu de Laplace pour l'intégration des équations linéaires du deuxième ordre aux différences partielles; 4° sur une intégrale donnée par Poisson. »

18. **Sur quelques problèmes relatifs à deux séries de surfaces.** — *Annali di mat.*, V, 1871-73, pp. 236-260.

« Chaque série étant définie par un paramètre arbitraire, ces surfaces sont déterminées, dans un premier cas, par la considération que la section droite du canal curviligne formé par quatre surfaces infiniment voisines ne varie qu'avec les paramètres arbitraires; dans un second cas, par la condition que cette section reste seulement semblable à elle-même. »

19. **Sur quelques points du calcul inverse des différences.** — Paris, *Acad. sc.*, C. R. LXXIV, 1872, pp. 454-458.

Remarques ingénieuses sur l'intégration de certaines équations importantes aux différences finies partielles.

20. **Remarques sur un mémoire de Legendre (sur la théorie des équations linéaires).** — Paris, *Acad. sc.*, C. R. LXXIV, 1872, pp. 798-802.

Ces remarques sont importantes parce qu'elles complètent avantageusement des calculs laissés inachevés par Legendre.

21. **Sur un système particulier d'équations aux différences partielles.** — Paris, *Acad. sc.*, C. R. LXXIV, 1872, pp. 977-980.

Il s'agit encore de l'intégration d'équations aux dérivées partielles considérées par Legendre en 1787.

22. **Sur un procédé d'intégration par approximations successives d'une certaine équation de la plastico-dynamique**. — Paris, *Acad. sc.*, C. R. LXXIV, 1872, pp. 1041-1044.

Il s'agit d'intégrer une équation signalée par M. de Saint-Venant en 1870.

23. **Sur un point de la théorie des surfaces**. — Paris, *Acad. sc.*, C. R. LXXIV, 1872, pp. 1517-1520.

24. **Théorème concernant les équations aux différences partielles simultanées**. — Paris, *Acad. sc.*, C. R. LXXVIII, 1874, pp. 1212-1214.

« Il permet de déduire de deux équations d'ordre r et s une équation d'ordre $r + s - 1$, par l'élimination des dérivées d'ordre $r + s$. Il ne manque pas d'importance. »

25. **Observations sur une note de M. l'abbé Aoust**. — Paris, *Acad. sc.*, C. R. LXXVIII, 1874, pp. 1639.

Réclamation de priorité. L'objet de la note de l'abbé Aoust fait partie du mémoire n° 8.

26. **Aperçu élémentaire sur les formes algébriques**. — Paris, *Annales de l'Ecole normale*, 1864, pp. 269-284.

« La condition d'invariabilité des fonctions est envisagée à un point de vue très général. En appliquant à une substitution adjointe un procédé employé par M. Brioschi pour le cas d'une substitution directe, on arrive d'une manière uniforme à la constitution indiciale et aux formules propres au calcul des covariants, des contrevariants et des formes mixtes pour un nombre quelconque d'indéterminées. » Mémoire très important.

27. **Sur quelques questions qui dépendent des différences finies et mêlées**. — Paris, *Ecole normale*, 2ᵉ série, t. III, pp. 305-362.

28. **Sur quelques systèmes particuliers d'équations différentielles**. — *Crelle, Journ.*, 1874; t. LXXX, pp. 33-51.

29. **Sur les paramètres différentiels des fonctions**. — Paris, *Ec. nor.*, 1878; pp. 409-334.

Travail très remarquable.

30. **Sur la théorie des forces centrales.** — *Journal de math. pures et appliquées*, 1881.

« Développements nouveaux se rattachant au problème déjà mentionné par Binet. Introduction de termes correspondant à la résistance du milieu. »

31. **Sur les équations différentielles linéaires du 3ᵉ ordre.** — Paris, *Acad. sc., C. R.*, 1879.

32. **Sur les surfaces dont les lignes de courbure sont planes, dans un système seulement.** — Montpellier, *Mém. Acad. sc.*, 1863-1884.

Ce Mémoire, dans lequel l'auteur réduit aux formules les plus simples un travail important de M. Bonnet, a été publié à l'occasion de la thèse de M. Rouquet, professeur au lycée de Toulouse.

33. **Sur la surface développable circonscrite à deux ellipsoïdes concentriques et homothétiques.** — *Société des sciences et arts de Saint-Étienne.*

34. **Sur le principe des vitesses virtuelles.** — Montpellier, *Mém. Acad. sc.*, 1885-1886.

Perfectionnement de la méthode de Sturm.

35. **Sur quelques théories élémentaires de calcul intégral.** — Montpellier, *Mém. Acad. sc.*, 1885-1886.

Travail très important sur l'existence des fonctions de plusieurs variables indépendantes.

36. **Sur le déplacement tangentiel de deux surfaces rigides.** — Paris, *Ann. de l'École normale*, 1888.

Lorsqu'il écrivait son mémoire n° 8, Combescure songeait à traiter la question analogue pour les surfaces, et il possédait les formules essentielles pour cet objet. Diverses circonstances lui firent perdre de vue cette étude. L'apparition récente du « bel et important » ouvrage de M. Darboux sur la *Théorie générale des surfaces,* etc., le ramena à l'étude de cette importante question. Il envisage la question à un point de vue conforme à celui qu'il avait adopté pour les courbes, et consacre son travail à l'exposition générale de la théorie. Ce Mémoire est le dernier qu'ait publié Combescure. Sa famille a retrouvé dans ses papiers des notes qui semblent être la préparation d'un mémoire destiné à présenter diverses applications de la théorie précédente. Nous souhaitons que ces notes soient publiées. Ceux qui ont aimé et apprécié Combescure seront heureux de lire les pages qu'il écrivait au moment même où la mort est venue le prendre.

II. — OUVRAGES EN LIBRAIRIE

37. **Traduction, avec quelques notes, de la « Théorie des déterminants », de Briorchi.** — Paris, *Mallet-Bachelier*, 1856.

Le livre est remarquable pour le temps où il a paru, et le traducteur était à la hauteur du livre.

38. **Thèse** (*Faculté des sc. de Paris*, 1858).

La thèse principale de Combescure est un travail de premier ordre.

L'exposé précédent est trop succinct pour faire connaître Combescure autrement qu'aux mathématiciens de profession. Nous résumerons à cette place une opinion d'ensemble sur les travaux considérables de Combescure en disant que Combescure, par ses travaux, mérite d'être placé parmi les géomètres de premier ordre de notre époque. Notre opinion personnelle ne sera pas contredite, nous le pensons, par des mathématiciens ; et, si Combescure n'a pas été le collègue des Maîtres de l'Institut, c'est pour la seule raison qu'il habitait hors de Paris. Comme professeur, Combescure avait toutes les qualités. Il aimait à parler mathématiques devant ses élèves, pour lesquels il avait d'ailleurs le dévouement le plus affectueux. Comme homme, Combescure était un grand esprit. Il était ami de la vérité. Il n'a jamais connu aucun détour, ni aucune hypocrisie. Il était si peu à la recherche des questions qui attirent la renommée d'un jour, qu'il a nui lui-même à sa célébrité pendant sa vie. Mais ses travaux sont là pour lui faire rendre justice par la postérité. Enfin, l'auteur de ces lignes a connu l'amitié de Combescure, et en conservera un souvenir ineffaçable.

L. Sauvage,
Professeur à la Faculté des sciences de Marseille.

MONTPELLIER. — IMPRIMERIE CENTRALE DU MIDI (HAMELIN FRÈRES).

www.ingramcontent.com/pod-product-compliance
Lightning Source LLC
LaVergne TN
LVHW011437170726
843501LV00009B/3253